CÁSSIA VALLE E LUCIANA PALMEIRA

ILUSTRAÇÕES
ALINE TERRANOVA

FELIPA
Maria Felipa

1ª edição – Campinas, 2022

"Quando a mulher negra se movimenta, toda a estrutura da sociedade se movimenta com ela."
(Angela Davis)

MOSTARDA EDITORA

A Ilha de Itaparica, oitava maior ilha marítima do Brasil, situada na Baía de Todos os Santos, no estado da Bahia, foi território de resistência e arena de importante batalha durante as lutas de Independência do Brasil e guardiã de tantas histórias.

Os indígenas foram os habitantes iniciais da Ilha de Itaparica. Primeiro os tapuias e logo em seguida os tupinambás. O nome Itaparica vem do tupi e significa "cerca feita de pedras", por causa dos arrecifes que contornam a costa da ilha. Depois chegaram os europeus, que trouxeram os africanos por eles escravizados.

Foi nesse lugar de cenários encantadores, paisagens naturais belíssimas, águas cristalinas carregadas de memória, identidade e representatividade que nasceu Maria Felipa de Oliveira, em 1800, descendente de africanos sudaneses.

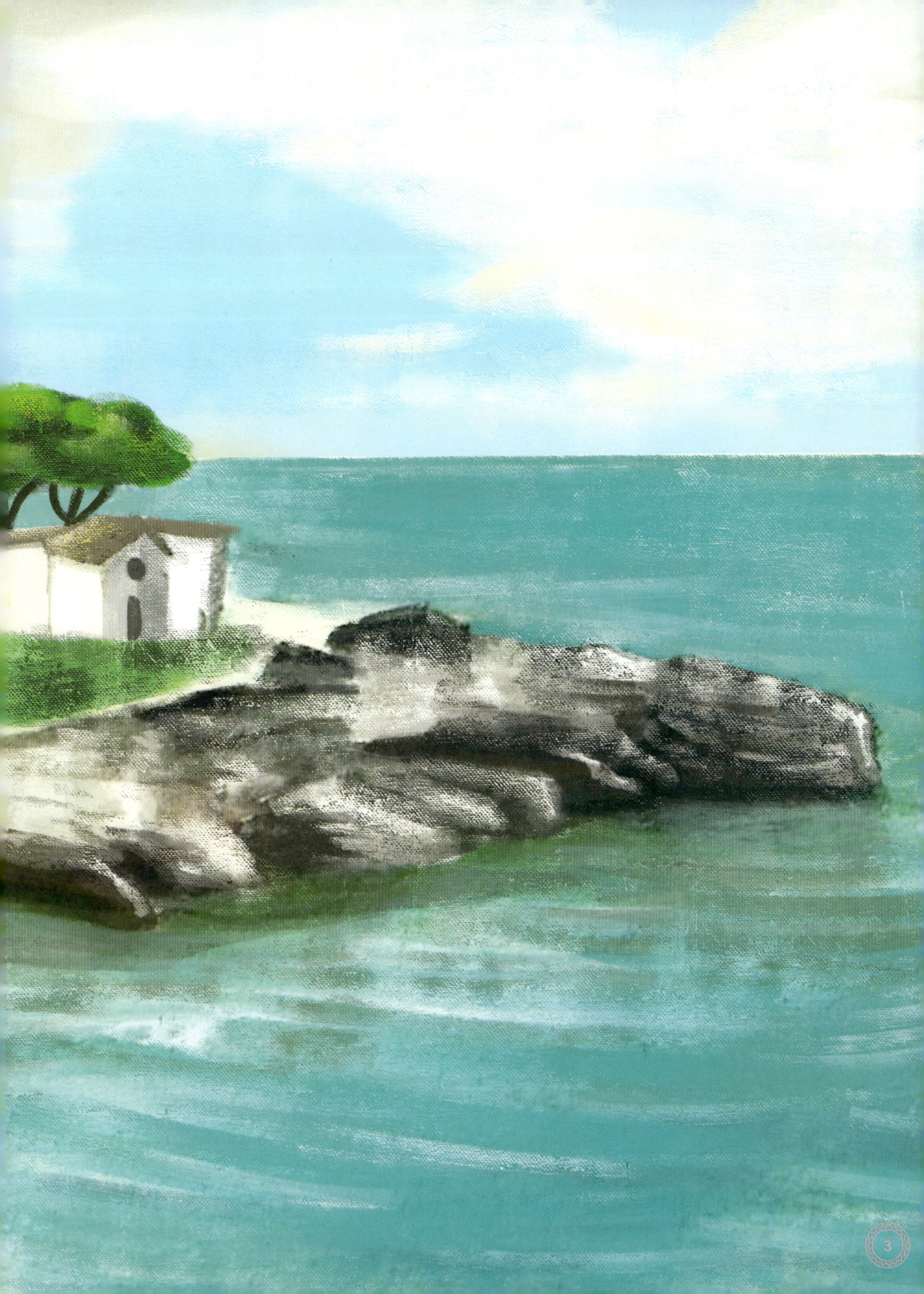

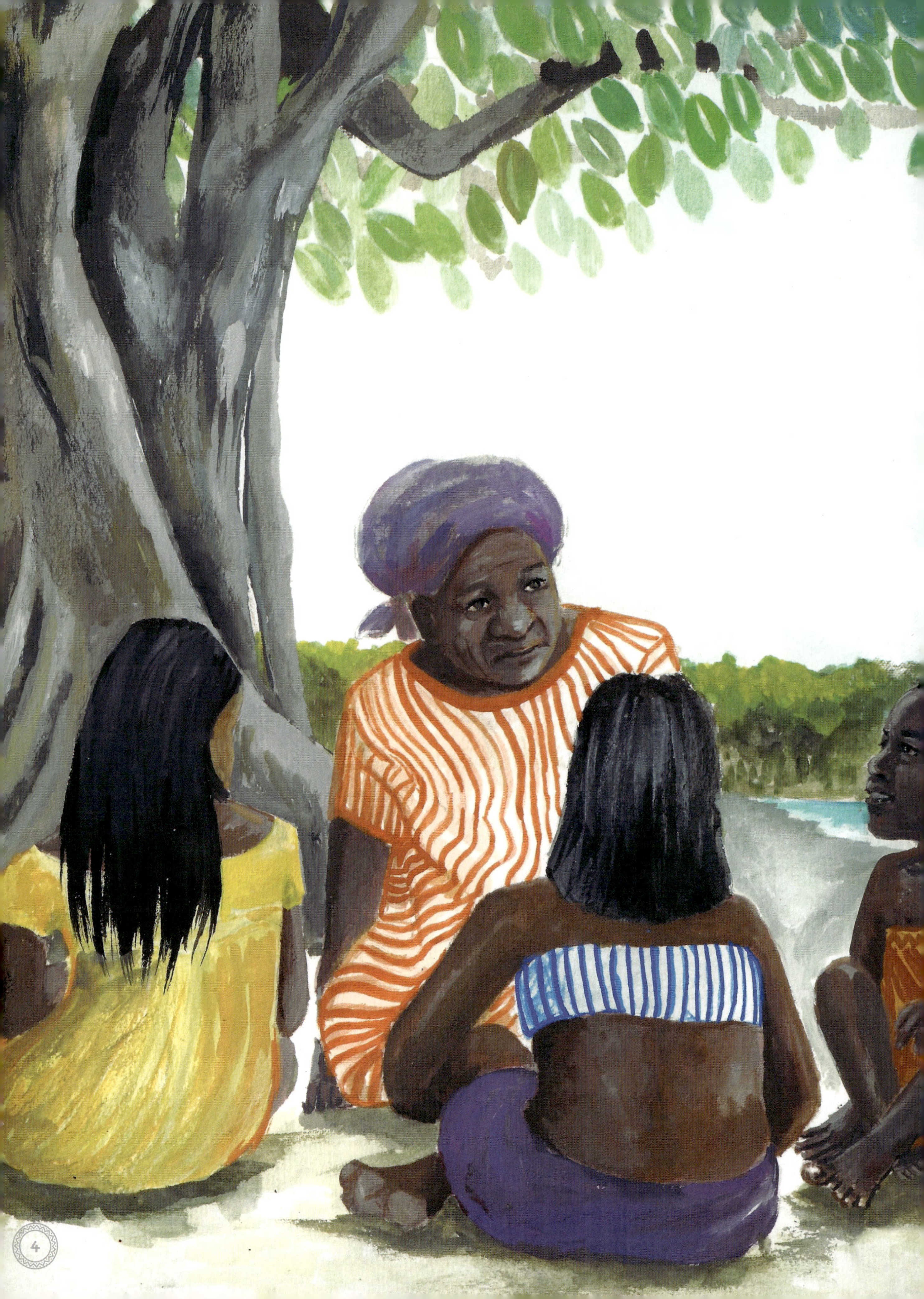

O local exato do nascimento de Maria Felipa foi a Praia de Gameleira, que recebeu esse nome por possuir numerosas árvores de gamela. Na crença do povo africano iorubá, existe um encanto que habita a gameleira e que representa a ancestralidade: os nossos pais, avós, bisavós e antepassados mais distantes.

Foi aos pés das gameleiras que Maria Felipa menina ouviu dos seus avós histórias e ensinamentos do seu povo africano, histórias de mistérios dos pescadores e marisqueiras e, dos tupinambás, histórias e ensinamentos sobre a força mágica que a natureza tem.

Maria Felipa aprendeu a contar e recontar o que escutou e também a construir as suas próprias histórias desde muito cedo. Ela possuía o dom da comunicação e traços fortes de uma grande líder: realização, persistência, iniciativa, responsabilidade, influência, motivação e integridade.

Essas características foram ficando mais evidentes a cada fase da sua história. Maria Felipa nasceu escravizada, mas foi libertada e colocou a liberdade como bandeira na sua vida.

Herdou dos seus ancestrais, além da sabedoria, os aspectos físicos. Era muito alta e bonita, conhecida também pela sua força e habilidade com os movimentos da capoeira. Ela era a mais brilhante mulher nas rodas de capoeira da Ilha, e seus golpes e movimentos ágeis eram comentados e admirados por todos. Ela dizia com suavidade e firmeza que havia aprendido a capoeira desde pequena para brincar e se defender.

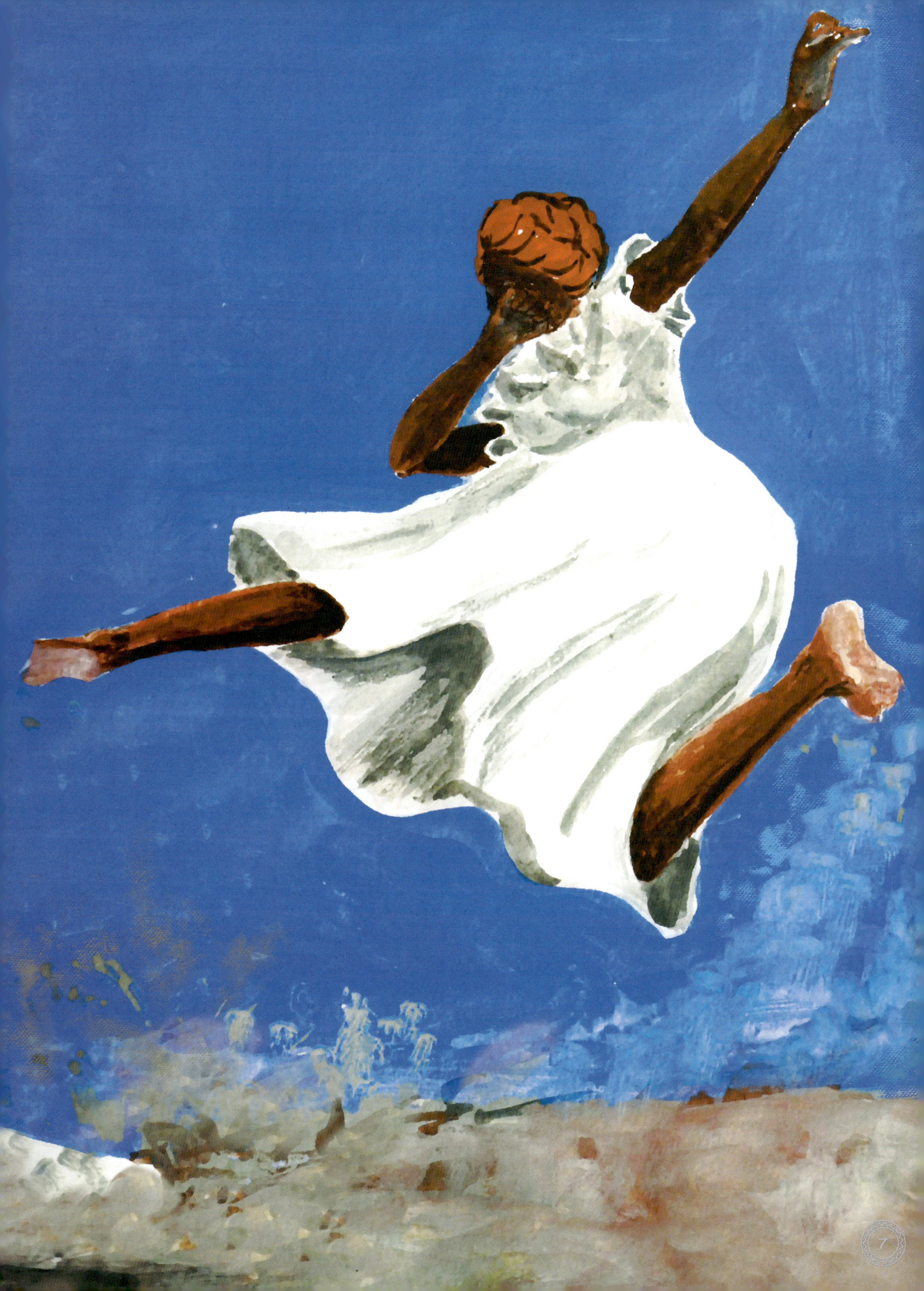

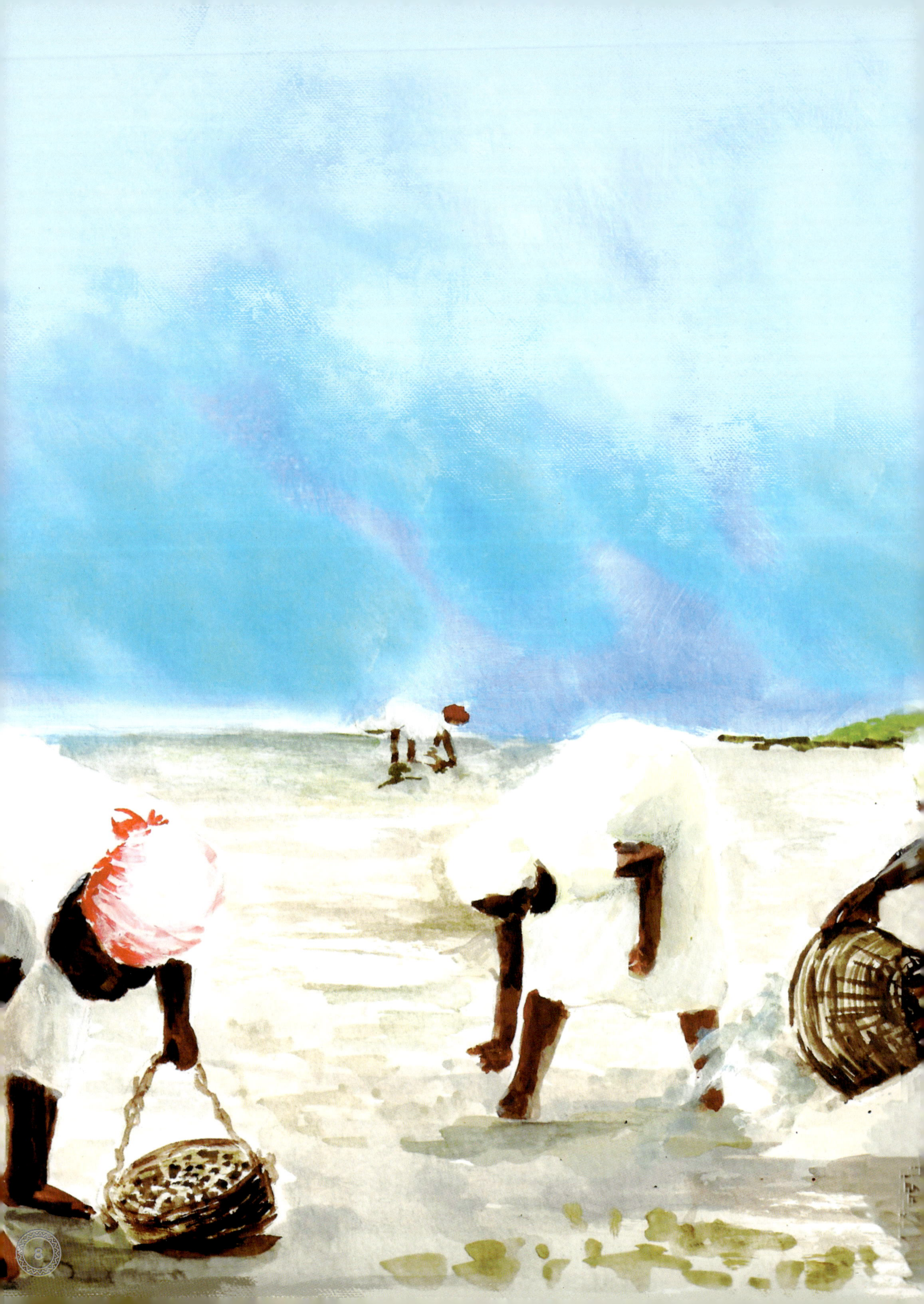

Além de capoeirista habilidosa, Maria Felipa se transformou em ótima nadadora, canoeira, pescadora e marisqueira. Tinha o talento de comercializar tudo o que ela e a sua comunidade produziam. Levava o título de "ganhadeira", pois assim ganhava a vida prestando serviços na cidade.

Anos se passaram, os feitos da Maria Felipa se multiplicaram e muitas histórias foram criadas com sua trajetória, como uma lenda antiga que começa assim:

"Diz a história que uma imagem muito antiga de Nossa Senhora da Piedade foi levada à Ilha e depositada na praia pelo Visconde do Rio Vermelho. Era considerada a santa protetora dos pescadores, marisqueiras e de todos os moradores da Ilha. A lenda diz que Nossa Senhora, em pessoa, lutou contra os portugueses em defesa do povo da Ilha.

Quando o Visconde morreu, seus descendentes quiseram tirar a imagem do local onde se encontrava por gerações. Então, no momento em que os soldados da polícia foram cumprir as ordens de retirada da santa, Maria Felipa e suas seguidoras, Joana Soaleira, Brígida do Vale e Marcolina, colocaram-se diante da imagem para protegê-la. Os militares ficaram amedrontados e paralisados diante da Nossa Senhora da Piedade e a mantiveram em seu lugar. Aliás, a santa ainda está lá no altar da capela construída em honra da padroeira".

Oficialmente, o Brasil deixou de ser uma colônia portuguesa quando D. Pedro I levantou a sua espada em 7 de setembro de 1822 e deu o grito da independência às margens do Rio Ipiranga, no estado de São Paulo. Porém, o processo de independência no país não foi pacífico. Ocorreram muitas revoltas e guerras até a consolidação da Independência do Brasil.

Imediatamente depois do Grito do Ipiranga, o exército português mandou esquadras cheias de soldados para forçar as províncias brasileiras a voltarem a ser colônias. Na Bahia, essa luta era antiga. Já haviam sido derramados muito suor, lágrimas e sangue.

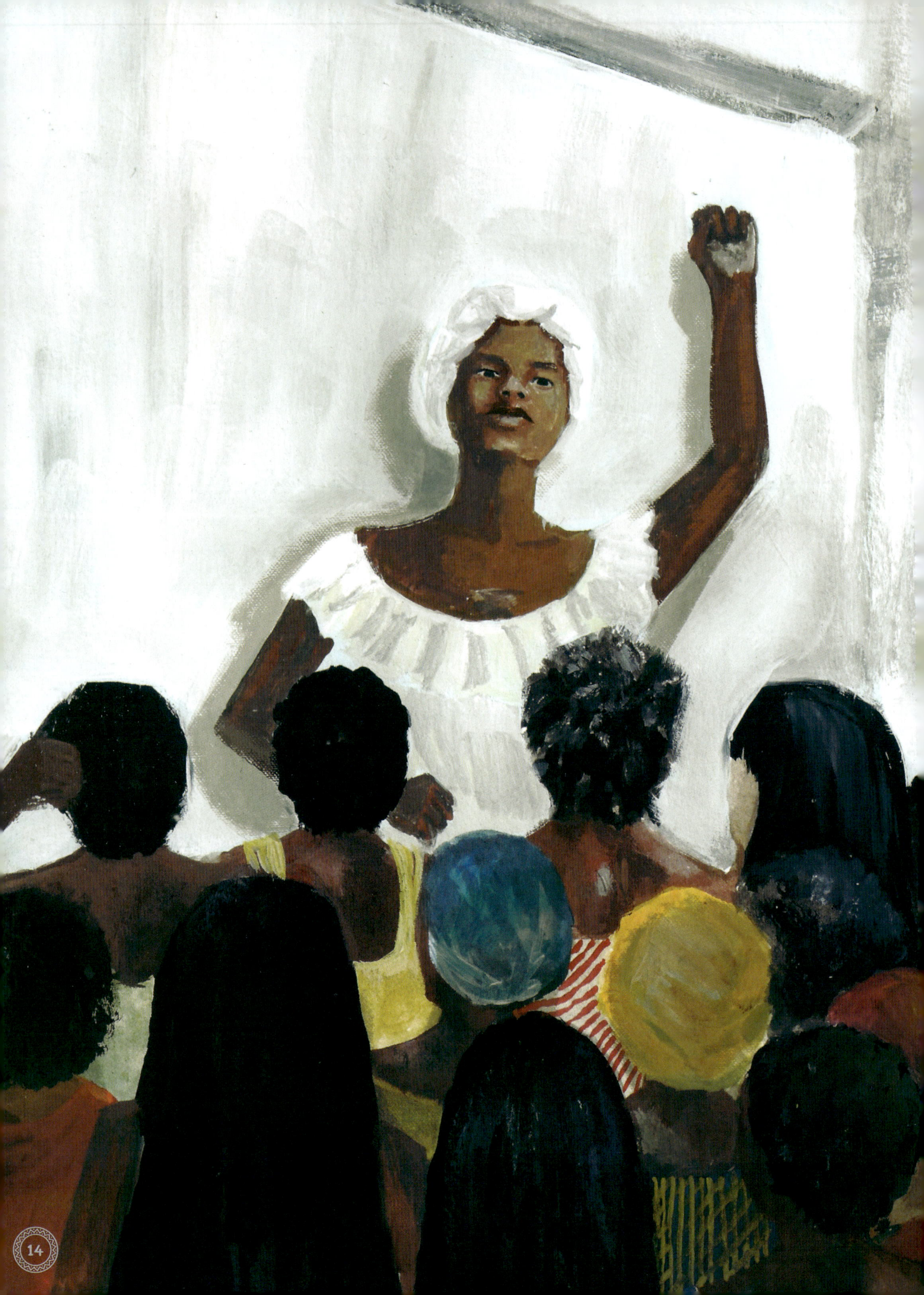

Estima-se que nessa época Maria Felipa tinha a idade de 22 ou 23 anos. Ainda jovem se tornou uma liderança potente no processo de resistência popular nas lutas pela independência da Bahia e pela libertação do seu povo.

Ela participou de diversas batalhas e incentivou a sua comunidade por meio de discursos inspiradores. A jovem assumia o papel de liderança com carisma, inteligência e coragem, fazendo com que os cidadãos da Praia de Gameleira colaborassem nos conflitos.

Sua participação começou com a seguinte estratégia: ela remava sua canoa até o Cais Dourado, na cidade de Salvador, para jogar capoeira, e nas rodas ficava sabendo das novidades sobre a guerra, levando as informações de volta à resistência em Itaparica, atuando como uma eficiente informante. Assim, ela passou a liderar vigias, chamadas "vedetas", para prevenir o desembarque de tropas inimigas. Além disso, atuava nos conflitos cuidando das pessoas feridas.

Maria Felipa organizou o envio de mantimentos conquistados dos inimigos para cidades do Recôncavo Baiano. Durante o envio dos alimentos, ela e suas aliadas vigiavam o trajeto.

Maria Felipa e as mulheres usaram a astúcia, a sabedoria popular e o espírito de luta do povo oprimido – principalmente das mulheres – como principais instrumentos de batalha numa guerra desigual contra as tropas europeias. Elas não possuíam armamento pesado, apenas peixeiras, facões, pedaços de pau e galhos com espinhos.

O grupo de 40 mulheres liderado por Maria Felipa usava algumas estratégias de guerra para surpreender os soldados: planejamento, simulação, inteligência, encantamento, ação de choque e ataque surpresa para tirar os soldados do local em que eles ficavam.

Ao deixarem os seus postos de trabalho, encantados pelas mulheres guerreiras, os soldados levavam uma surra com galhos de cansanção, um arbusto cujos espinhos causam forte sensação de queimadura.

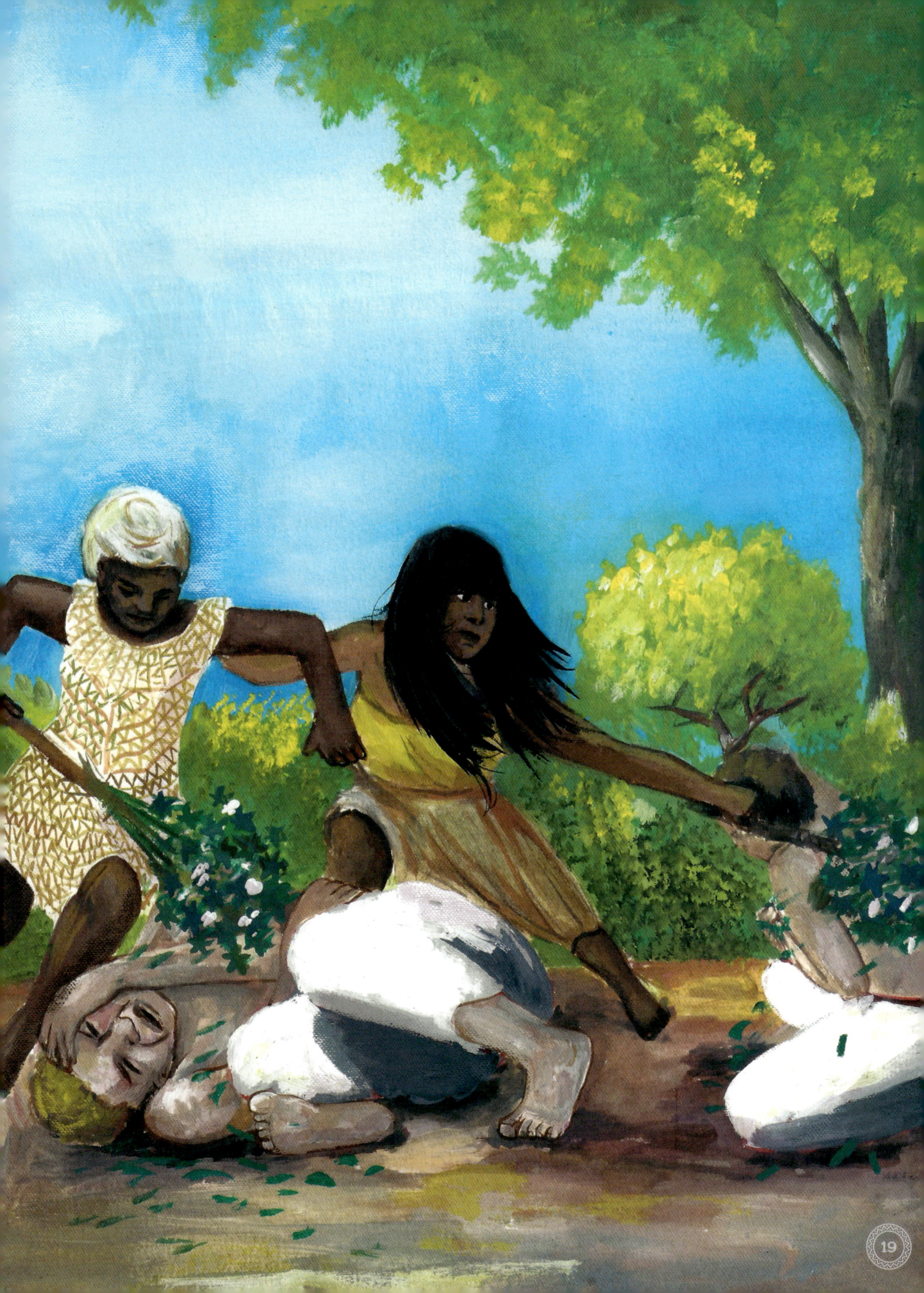

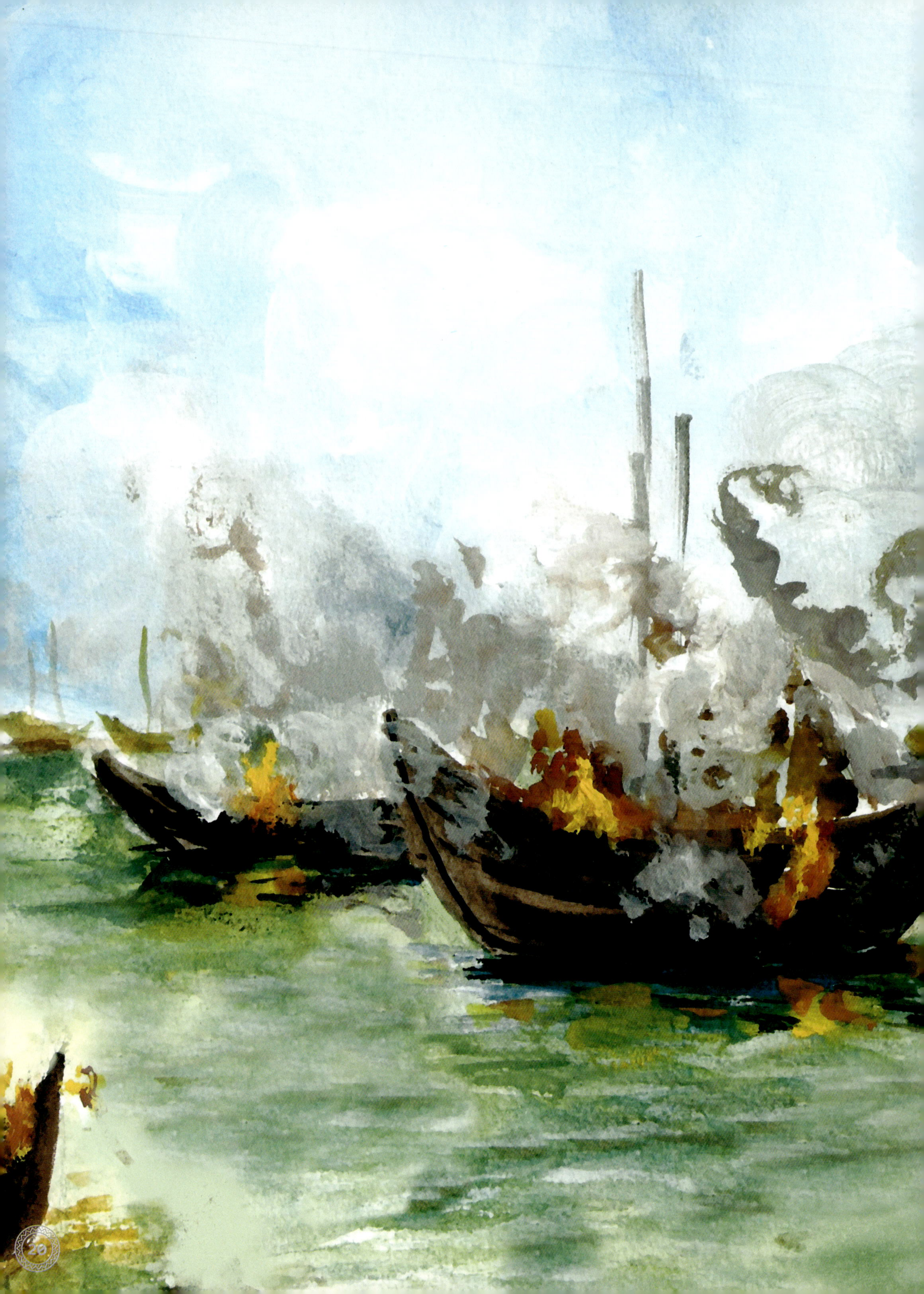

Essa mulher preta capoeirista de golpes mágicos e de uma inteligência carregada de sensibilidade foi uma liderança popular que cumpriu a missão de enfraquecimento das tropas portuguesas em território baiano.

Corajosa, ela estava sempre à frente do seu pequeno exército nativo. Os principais feitos históricos do grupo dessa líder foram o incêndio da Canhoneira Dez de Fevereiro, em 1.º de outubro de 1822, na praia de Manguinhos, e o da Barca Constituição, em 12 de outubro de 1822, na Praia do Convento. Maria Felipa e seu exército de combatentes destruíram inúmeras embarcações dos invasores portugueses.

No dia 7 de janeiro de 1823, Maria Felipa não teve dúvidas e liderou aproximadamente 200 pessoas, entre mulheres pretas, homens, tapuias e tupinambás, para enfrentar os inimigos depois de avistar a esquadra de 42 embarcações portuguesas ancorada nas imediações da Ilha de Itaparica.

Depois de render os guardas, o povo itaparicano liderado por ela ateou fogo em todas as embarcações, frustrando as pretensões portuguesas de invadir Salvador através da ilha.

Em 2 de julho de 1823, as últimas esquadras portuguesas foram derrotadas tornando a Bahia e o Brasil independentes.

23

Depois da independência da Bahia, Maria Felipa manteve as reivindicações da população oprimida e explorada na luta pelos seus direitos.

Na primeira cerimônia de hasteamento da Bandeira Nacional na Fortaleza de São Lourenço em Ponta das Baleias, ela e o seu grupo de mulheres invadiram a Armação de Pesca, controlada pelo português Araújo Mendes. O objetivo da ação foi mostrar que as lutas da população não haviam terminado. Nesse episódio, a multidão saiu cantando pelas ruas: "Havemos de comer marotos com pão, dar-lhes uma surra de bom cansanção!".

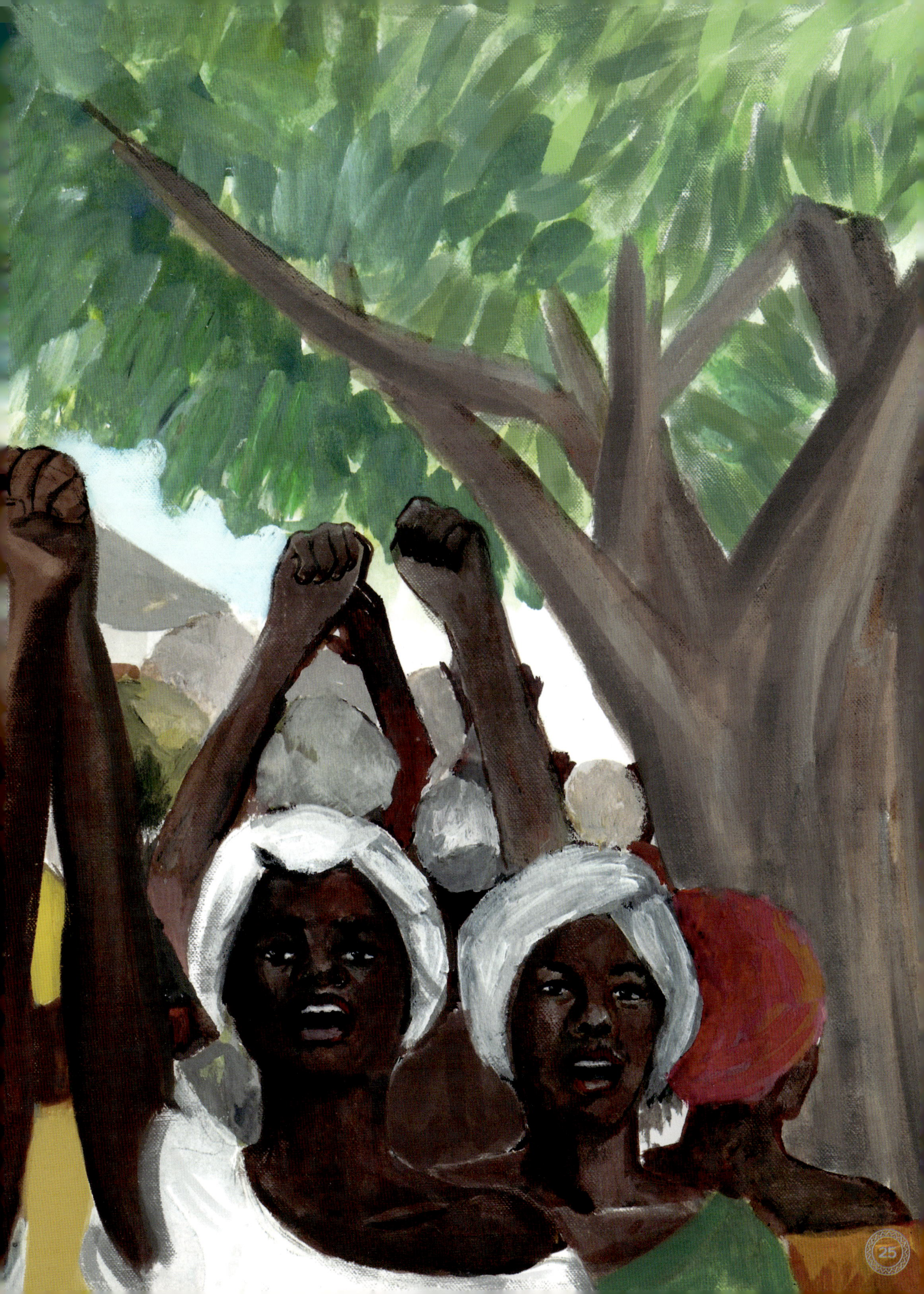

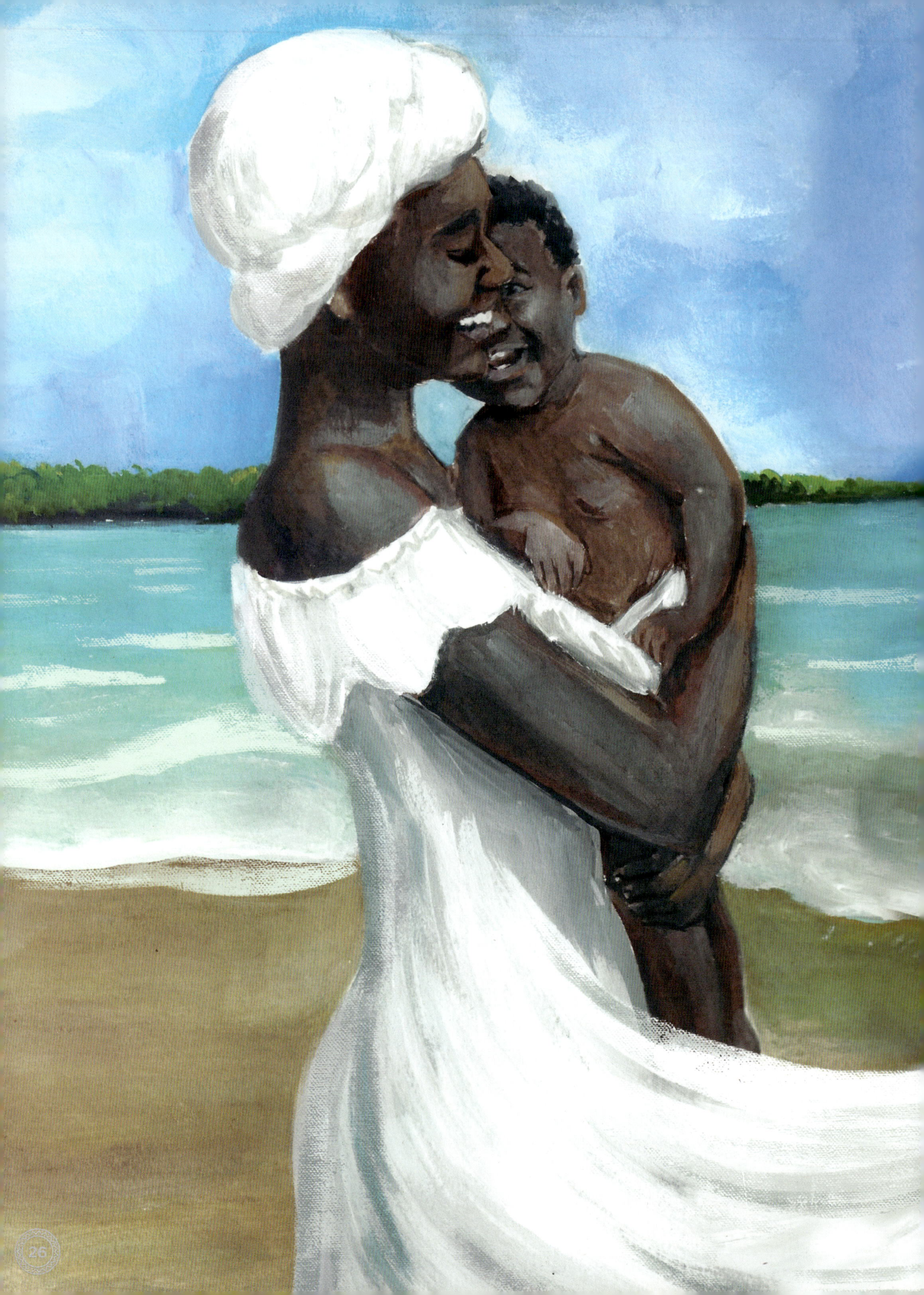

Maria Felipa continuou a levar a sua vida de marisqueira, festeira, capoeirista habilidosa, destemida, cheia de sabedoria, com grandes conquistas e ensinamentos. Tempos depois, teve uma filha, também chamada Maria Felipa.

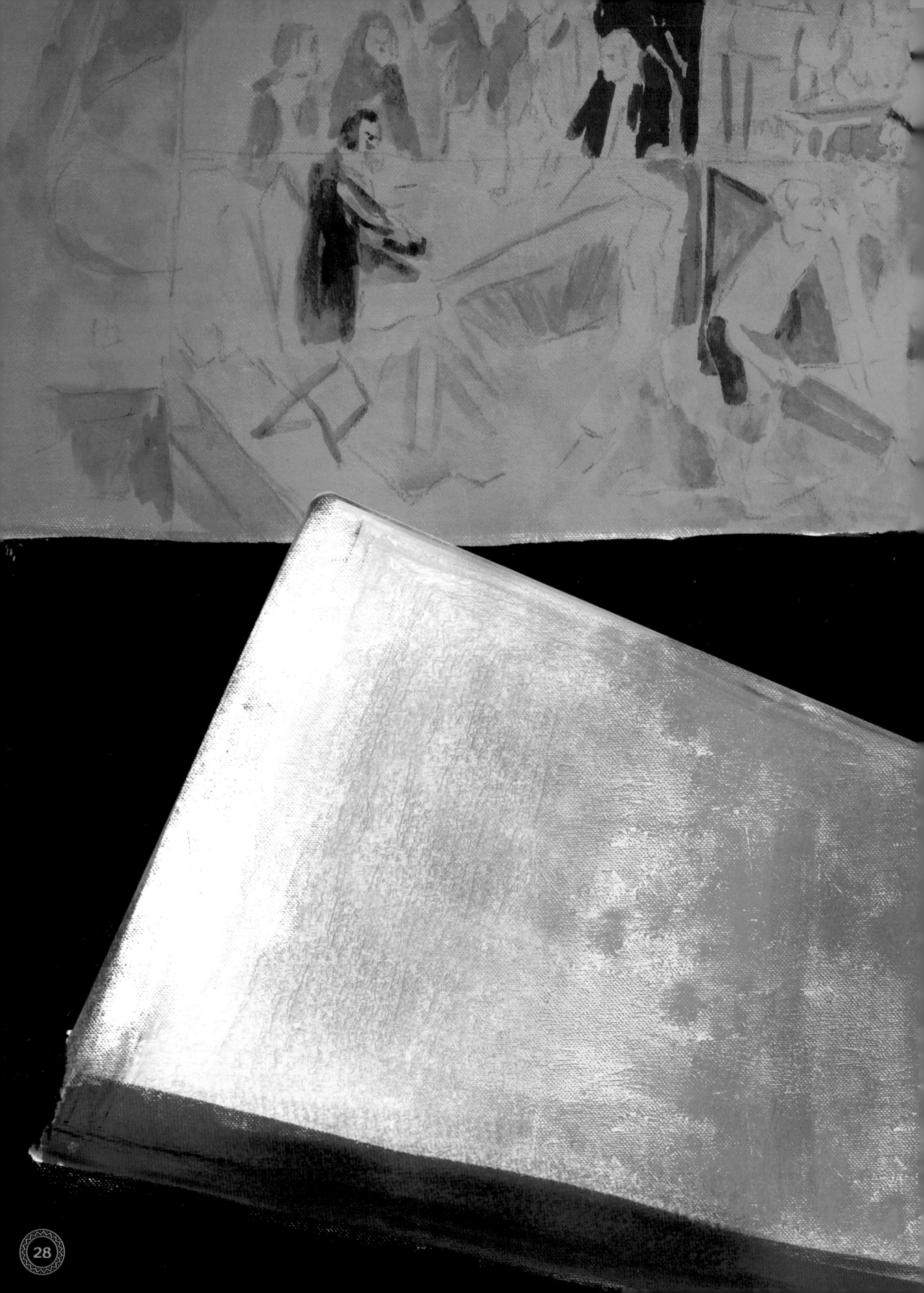

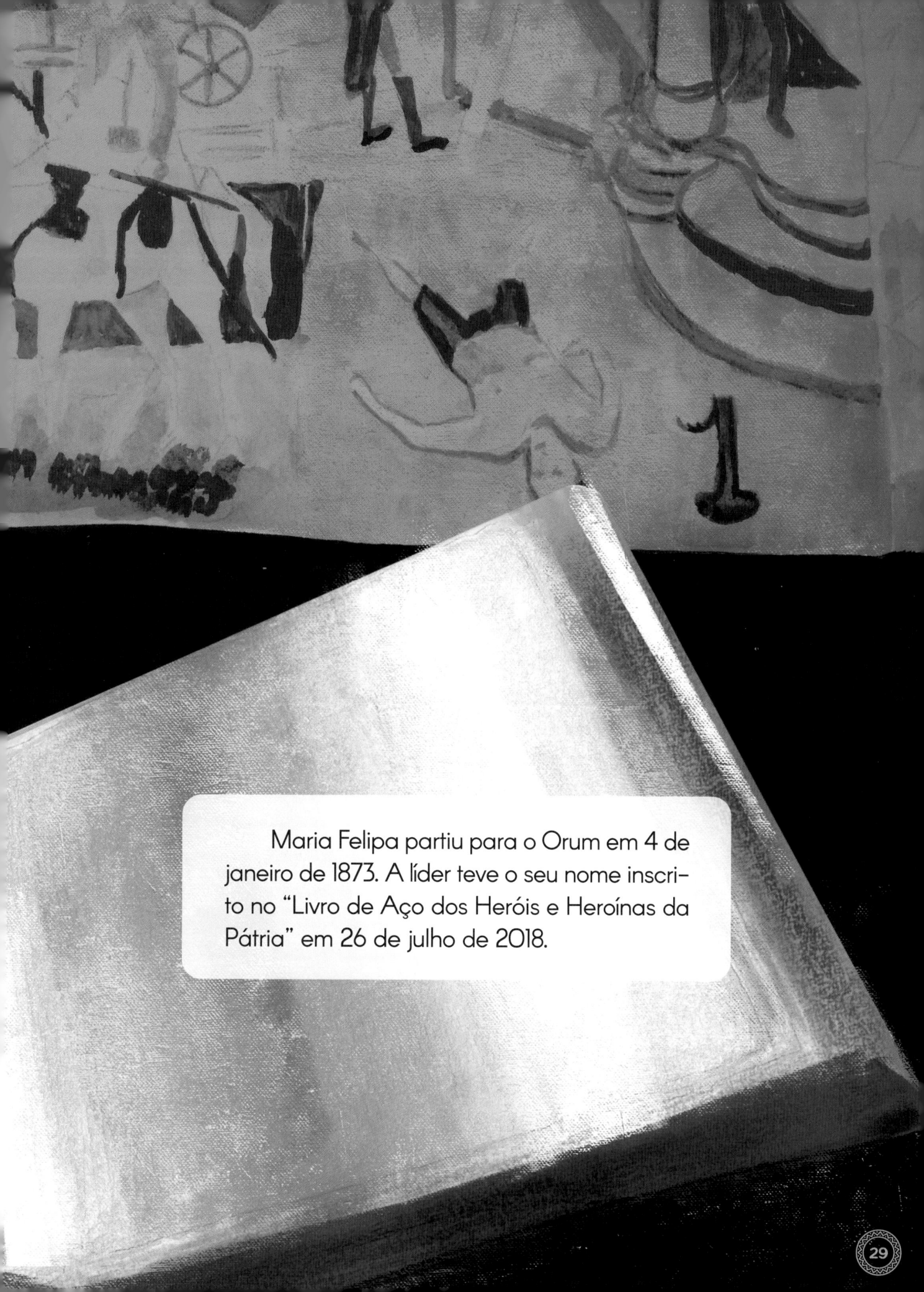

Maria Felipa partiu para o Orum em 4 de janeiro de 1873. A líder teve o seu nome inscrito no "Livro de Aço dos Heróis e Heroínas da Pátria" em 26 de julho de 2018.

E assim Maria Felipa se junta às demais heroínas do panteão do 2 de julho, Joana Angélica de Jesus e Maria Quitéria, que transgrediram os padrões impostos pela sociedade e romperam com as ideias colonialistas.

Maria Felipa nos inspira a nos sentirmos parte de um coletivo e orgulhosos das nossas histórias. Esses sentimentos nos dão superpoderes e isso pode transformar vidas.

Querido leitor,

A editora MOSTARDA é a concretização de um sonho. Fazemos parte da segunda geração de uma família dedicada aos livros. A escolha do nome da editora tem origem no que a semente da mostarda representa: é a menor semente da cadeia dos grãos, mas se transforma na maior de todas as hortaliças. Nossa meta é fazer da editora uma grande e importante difusora do livro, transformando a leitura em um instrumento de mudança na vida das pessoas, desconstruindo barreiras e preconceitos. Entre os principais temas abordados nas obras estão: inclusão, diversidade, acessibilidade, educação e empatia. Acreditamos que o conhecimento é capaz de abrir as portas do pensamento rumo a uma sociedade mais justa. Assim, nossos valores estão ligados à ética, ao respeito e à honestidade com todos que estão envolvidos na produção dos livros e com os nossos leitores. Vamos juntos regar essa semente?

Pedro Mezette
CEO Founder
Editora Mostarda

EDITORA MOSTARDA
www.editoramostarda.com.br
Instagram: @editoramostarda

Cássia Valle e Luciana Palmeira, 2022

Direção:	Pedro Mezette
Coordenação:	Andressa Maltese
Produção:	A&A Studio de Criação
Revisão:	Beatriz Novaes
	Elisandra Pereira
	Marcelo Montoza
	Mateus Bertole
	Nilce Bechara
Diagramação:	Ione Santana
Ilustração:	Aline Terranova
	Anderson Santana
	Bárbara Ziviani
	Eduardo Vetillo
	Felipe Bueno
	Henrique HEO
	Henrique Pereira
	Jefferson Costa
	Kako Rodrigues
	Leonardo Malavazzi

Dados Internacionais de Catalogação na Publicação (CIP)
(Câmara Brasileira do Livro, SP, Brasil)

```
Valle, Cássia
   Felipa : Maria Felipa / Cássia Valle e Luciana
Palmeira ; ilustrações Aline Terranova. -- 1. ed. --
Campinas, SP : Editora Mostarda, 2022.

   ISBN 978-65-88183-90-8

   1. Brasil - História - Independência nas
províncias, 1822-1824 - Bahia - Literatura
infantojuvenil 2. Oliveira, Maria Felipa de, -1873 -
Biografia - Literatura infantojuvenil I. Palmeira,
Luciana. II. Terranova, Aline. III. Título.

22-132537                                    CDD-028.5
```

Índices para catálogo sistemático:

1. Maria Felipa : Biografia : Literatura
   infantojuvenil 028.5
2. Maria Felipa : Biografia : Literatura juvenil
   028.5

Cibele Maria Dias - Bibliotecária - CRB-8/9427

Nota: Os profissionais que trabalharam neste livro pesquisaram e compararam diversas fontes numa tentativa de retratar os fatos como eles aconteceram na vida real. Ainda assim, trata-se de uma versão adaptada para o público infantojuvenil que se atém aos eventos e personagens principais.